JN437908

꽃心

꽃의 마음으로 보면 세상 모두가 꽃이고 향기입니다

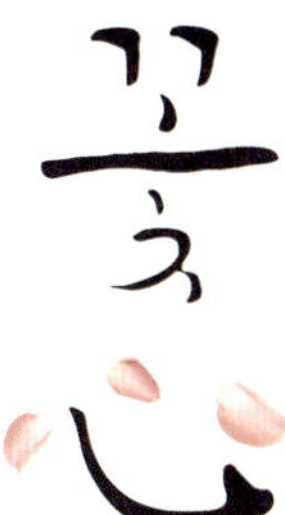

김연수 시인의 꽃으로 쓴 시

기다릴 그대 있어

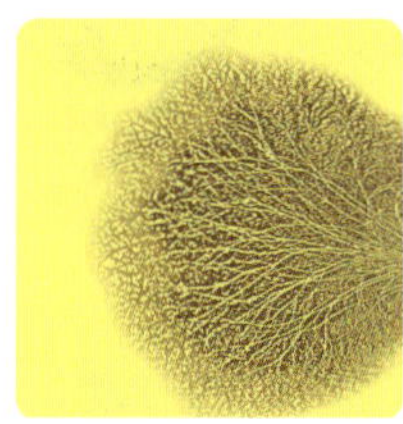

그대가 내게로 오면 11
아득한 별에 꽃씨 묻으며 12
기다릴 그대 있어 15
해당화 16
꽃心 18
그대 가슴에서 꺾은 꽃가지 20
그대 내 안에 살아 22
내 영혼 깨우는 그대 23
끝없는 그리움으로 나를 흔드는 당신 24
너를 위하여 26
함께 있어도 그대가 그리운 슬픔 27
사랑은 존재를 흔드는 아픔이어도 28
그대 모습 내 가슴에 어리면 30
그대 사랑은 32
눈물로 지울 수 없는 얼굴 34
그대의 눈빛 35
넝쿨 장미 36
그대에게로 가는 외길 38
첫 번째 연가 1 40
첫 번째 연가 2 42
첫 번째 연가 3 44
첫 번째 연가 4 46
사랑의 신화 48

꽃 피우는 일 하나로 목숨을 사르듯

그리움 53
물의 연가 54
꽃 피우는 일 하나로 목숨을 사르듯 56
봄꽃 사랑 60
지는 목련의 말씀 62
이 봄에는 64
수련 66
너를 위하여 69
민들레 70
가을 그리움 72
비 오는 날 74
들국화 76
그대 앞에 78
망초꽃 80
밤 시냇가에서 82
바람에게 83
목련이 이우는 뜨락에서 84
백장미 85
자연 86
포플러 88

내 영혼의 젖은 뒷모습

충만 93
나에게 들려주는 말 94
내 영혼의 젖은 뒷모습 96
나를 찾아서 98
기도에서 100
출항 102
내 이름 부르는 낮은 목소리 104
귀를 열고 105
작은 자의 기도 106
밤 108
그대 가슴을 돌아 흐르는 나의 눈물 110
여린 삶의 한 갈피에서 112
꿈길에 그리는 그림 114
시인의 기도 116
내 마음 속에 118
침묵을 위한 기도 119
고독 120
당신을 둘러싸고 122
겨울 기도 124
또 다른 불을 밝히며 126

세월의 강가에 발을 멈추고

떠날 것은 떠나고 남는 건 남지만 131
눈 뜨고 보니 132
왜 134
세월의 강가에 발을 멈추고 136
독백 138
신화 같은 달빛이 140
어느 아침의 소리 142
사랑을 위한 기도 144
가을의 고해 148
새해 아침의 기도 150
나의 기쁨 152
별빛에 새벽하늘 열려오고 154
그대 약속 별빛 되어 156
순결한 불씨로 157
등꽃 158
사랑의 신비로 160
내 안에 흐르는 강 161
가을 산에서 162

시인의 말 이 물길 흐르고 흘러 166

기다릴 그대 있어

그대가 내게로 오면 — 아득한 별에 꽃씨 묻으며 — 기다릴 그대 있어 — 해당화 — 꽃心

그대 가슴에서 꺾은 꽃가지 — 그대 내 안에 살아 — 내 영혼 깨우는 그대 — 끝없는 그리움으로 나를 흔드는 당신

너를 위하여 — 함께 있어도 그대가 그리운 슬픔 — 사랑은 존재를 흔드는 아픔이어도 — 그대 모습 내 가슴에 어리면

그대 사랑은 — 눈물로 지울 수 없는 얼굴 — 그대의 눈빛 — 넝쿨 장미 — 그대에게로 가는 외길 — 첫 번째 연가 — 사랑의 신화

그대가 내게로 오면

그대가
내게로 오면
나는 그저
기쁨으로 넘쳐흐릅니다
그대 머무실
자리 비켜
나를 덜어냄조차
해맑은 노래되어
흐릅니다

아득한 별에 꽃씨 묻으며

그대가
멀리서 반짝임으로
아름다운 별일 수밖에 없는데
나는 왜 꿈을 꾸나

그대가
건널 수 없는 물결 너머에서
손짓하는 신비로운 섬일 수밖에 없는데
나는 왜 노랠 부르나

아, 그대가
꿈만 꾸어야 하는
슬픈 노래 속에 묻어야 하는
내 생의 어찌할 수 없는 그리움인데
나는 왜 아득한 별에
꽃씨를 묻나

그대가
홀연히 스치어 가는
외로운 바람일 뿐인데
나는 왜 꿈을 꾸나

그대가
넘을 수 없는 산 너머
손짓하는 신비로운 숲일 뿐인데
나는 왜 노래하나

아, 그토록
고운 노래를
슬픈 가락 속에 묻어야 하는
내 생의 어찌할 수 없는 그리움인데
나는 왜 아득한 별에
꽃씨를 묻나

기다릴 그대 있어

바람도 건너 보내고
구름도 흘러 보냅니다
가슴 속에 이는
바람도 잠재우고
소리도 다스리고
나라 여기던
내 모습도 흘어 보냅니다
기다립니다
기다립니다
기다릴 그대 있어
내 기쁨
천지에 가득합니다

해당화

가구이*와 냇가에서

아무도 오지 않는 냇둑에
천년 통한 서려 안고
숨죽인 바위를
새 순으로 새 순으로 어루만져
평온한 숨결 열어 주고

가슴 속에 고이는
살아 있음의 환희를
하이얀 미소로
송이 송이 피워 내는
누운 해당화

뼈를 녹이는 고독도
내 분깃 이거니 가슴에 품어
해맑게 닦아 내면
삶의 길 훤히 비추는
비밀스런 거울 되나니

가시 돋친 슬픔도
새 뿌리 내려 빛을 따라 뻗어 가면
꽃으로 피어나
온 세상 아픔 다스리는
향내로 퍼지나니

머나먼 길 돌아온
바람결 스칠 때면
푸르른 잎새마다
곱게 적어
사르르 건네주네

* 일본의 귀노천

‡ '묷'의 옛말

꽃心

이젠 어떤 말도
더 이상 필요하지 않습니다
이젠 어떤 슬픔도 나를 흔들지 못합니다
어떤 고통도 나를 울게 하진 못합니다

평생의 숨결보다 더 많은 흔들림을 지나
아프게 살아온 세월보다
진한 그리움을 건너
지금은 환하게 꽃으로 피어난
상처도 웃음일 뿐입니다
슬픔도 향기일 따름입니다

꽃잎 하늘하늘 흩날리는
낙화조차 끝이 아닙니다
꽃물 든 바람결
천지사방 퍼져가는 곳마다
영원에 잇닿은 춤추는 생명지도

아, 이루지 못한 꿈조차
화사한 물결로 출렁입니다
가시도 향기로운 축복되어
침묵으로 빚은
한 곡조 노래로 흐릅니다
죽음도 부활의 씨앗입니다

그대 가슴에서 꺾은 꽃가지

그대의
높이 뛰는 가슴에서
꺾어 낸 꽃가지
하나
내 생의 텃밭에 심어
물을 주는 나날

천 년에
천 년을 곱쳐 흐른 뒤
시간 너머 시간까지
눈물 어려 살아도
이 가지에 새 잎 돋아
꽃피면
아프지 않을
나의 세월

그대 내 안에 살아

그대 숨소리 번지는 곳에
나 머물지 못해도
내 눈빛 닿는 곳에
그대 머물지 못해도
그대 내 안에 살아
들에 핀 꽃
향기롭고
하늘의 별떨기
더욱 맑게 빛나는 것을

내 영혼 깨우는 그대

내가
어둠으로 쓰러지면
새벽하늘 두르고 와
진종일
빛으로 출렁이는
그대

내가 혼곤한 잠에 빠지면
밤새도록 창을 흔드는
바람으로 내 영혼 깨우는
그대

끝없는 그리움으로 나를 흔드는 당신

오랜 세월
내 안의 당신 모습 지우려
끊임없이 물살 지으며
흘렀습니다

그러나 이제
아무리 큰 아픔이
남은 삶의 전부라 해도
당신을 지우려 하지 않습니다

지우려 할수록
더욱 깊이
내 안에
살아 있는 당신이기에

내 생애가
시작되기 전부터
내 삶의 장막이 거두어진
이후까지도

끝없는 그리움으로

나를 흔드는

당신

너를 위하여

나 너를 위해
관음소심 하얀 꽃송이 아래
눈에 띄지 않게 숨어서
너를 떠받치는 기쁨에 떠는
꽃대궁이고 싶어라
네가 그 연연한 꽃잎 거두어
푸르디푸른 잎으로 너울댈 때면
아무도 모르게 땅 속에 묻혀
너를 지탱하는 일로 행복한
뿌리이고 싶어라

함께 있어도 그대가 그리운 슬픔

함께 있어도
그대가 그리운
내 슬픔
하늘에 사무쳐
눈물마다 별이 되어
그대 걷는 밤길
훤히 비추어 주는
빛이 되기를

사랑은 존재를 흔드는 아픔이어도

사랑은
존재를 흔드는
아픔이어도

그리운 이
그리워하는 일
내 생명이 누리는
별빛 같은 축복이려니

고독의
시퍼런 강가에서도
그대 위한
나의 노래는
끝이 없으리

절망의 늪에서조차

내 시간의 가지마다

새순 틔워내는

그대

나의 사랑아

그대 모습 내 가슴에 어리면

꿈결에 스치는
그대 발자국 소리에도
내 영혼 가두는 어둠은
저절로 빛이 되어
새벽을 엽니다

그대 그림자
설핏만 해도
얼었던 가슴
부드러운 물살로 풀려
봄노래로 출렁입니다

그대 눈빛
닿기만 해도
수선화 곱게 핀 호반처럼
향기롭게 향기롭게
내 그리움 피어납니다

그대 모습

내 가슴에 어리면

멈추었던 흐름 은하수로 터

별바다의 비밀스런 속삭임

가슴에 안고

출렁이는 호수가 됩니다

그대 사랑은

퍼내도
퍼내어
먹고 마셔도
날마다 더욱 깊어 가는
샘물입니다
그대 그리움은

두어 필씩
서너 필씩 끊어
헐벗은 몸 감싸도
날마다 고운 베 넉넉히 짜내는
베틀입니다
그대 사랑은

돌아서
못 들은 체
귀 닫아도
가슴 줄 튕기는
생명의 찬가입니다
그대 노래는

눈 감고
돌아누워
안 보려 해도
영혼까지 훤히 비추어 오는
참빛입니다
그대 눈빛은

눈물로 지울 수 없는 얼굴

오가며 긋는
빗줄기에도
빗돌이 닳는다기에
밤마다 눈물지어
지우려 했습니다
눈물에 젖을수록
새롭게 떠오르는
그대의 얼굴

흐르는 세월
빗줄기 타고
비문은 지워져가도
넘쳐나는 눈물 속에
더 깊이 새겨지는
사랑의 긴 이야기
눈물로 못 지우는
그리운 얼굴

그대의 눈빛

가슴에 오래 남는
너의 눈빛은
영광보다 찬란한
아픔으로 피어나는
한 송이
꽃
저마다
스스로를 향해 걷는
밤길
호젓한 길목에
환하게
불 밝혀 피어난
초롱꽃
한 송이

넝쿨 장미

그대는
내 한 생애의
어찌할 수 없는
그리움

풀 길 없는 목마름으로
보이지도 않는
담장을 기어오르며
잠들지 못하는
내 영혼이 불러 보는
부르기조차 아까운 이름

초록빛도
각각의 제 빛으로
살아 빛나는
비 개인 유월 아침
뜨락에 서면
아무 데서나 다가서는
고운 사람아

지천으로 뻗어서는
제 홀로 타오르는
사랑으로
온몸이 사위는
넝쿨 장미 한 떨기로 내가 서서
가장 정갈한 목소리로
기도드리나니

아, 멀리 있을 때만
가까울 수 있는 사람아
버려야만 소유할 수 있는
아픈 사랑아

그대에게로 가는 외길

그대
생각
하나로
하루 해 저무는
나의 나날이
다가설수록 아득한
그대에게로 가는
외길을 열어

세상 시름
켜켜 쌓여
골이 팬 어둠도
어둡지 않아

그대 품은
하루하루
저절로 넘쳐나는
빛이었거니

이승에선
제일 예쁜
축복이어라

첫 번째 연가 1

부르는 노래

진종일
강물에 돌을 던지다
물을 건너지 못해
끝내 내가 던지는 돌로는
물을 건너지 못해
힘없이 돌아오는 밤엔
문마다 고리가 잠긴
텅 빈 방에서
불을 피우려 했습니다
바람도 없이

불은 켜자마자 꺼져 버리고
명멸하는 불빛이 일으켜 세우는
여러 세기의 지문이 엉긴
거울
사방에서 육박해 오는 거울 속에서
불을 밝히려는 시도로 쓰러지는
한 사람을 보았습니다
부르다 지친 이름들의 자음과 모음은
자욱한 먼지로 떠돌며 내려 쌓이며
파랗게 힘줄이 내비치는 손가락이
허공에 쓰는 글발을 보았습니다
이름을 넘어선 이름
아, 뭉크의 캔버스에 채집된
나를 보았습니다

듣는 노래

층계로
층계로 내려가
문을 열자

파랗게 이끼 낀
문고리를 벗긴 숲과
투명한 가슴을 반짝이며 날아드는
새떼들이며
해묵은 빗장을 풀고
푸르디푸른 손을 흔드는
하늘과 땅

수평선엔
출항선의 깃발이 펄럭이고
너의 포구 깊숙이 저어갈
긴 항해의 길목 어디쯤
순금의 종도 울린다

침묵의 그 긴 층계를 내려가
문을 열자
내 안에 가득 찬 너와
네 안에 가득한 나를 보자

첫 번째 연가 3

부르는 노래

사랑하는 이여
첫 장미 피어나는 순수로
당신 이름을 부르면
내 이름 부르시는 당신의 음성이
메아리로 울려옵니다

사랑합니다
당신의 귓가에 작은 속삭임을 띄우면
당신 사랑이
장막처럼 우리를 에워쌉니다

물결치는 당신 가슴에
손을 얹으면
싱싱한 생명의 찬가는
내 깊은 수면으로 여울져옵니다

가만히 눈 감으신
당신의 입술 위에
수줍은 기호를 찍으면
부드러운 바람이 풀꽃을 피우듯
당신의 더운 입김이
세포마다 꽃으로 피워냅니다

기다림으로 떨리는
당신의 두 손 위에
자잘한 이야기 피어나는
추억의 화첩을 펼쳐 드리면
축복의 시집으로 돌아옵니다.
꿈의 생 울타리에
새 속잎이 피어납니다

듣는 노래

지금은
그리움으로 빗장을 푸는 시간
여기는 살내리는 기다림으로
문을 열어
떨림과 떨림이 만나는 곳
순금의 종소리 울려 퍼져
껍질 두꺼운
역사의 줄기마다
새싹이 트는 해안에
닻을 내린 나의 항해
돛폭에 실려 온 바람에
새 빛으로 한들거리는 숲 속
새들은 아름답게 노래한다

내 눈빛
내 숨으로 살아 있는
어여쁜 이여
아득하기만 하던 지평선도
마주 뛰는 가슴에 다가와서는
사물마다 연결된 핏줄의 당김
그 잉잉대는 소리를 가만가만 속삭인다
가슴을 연다
지금은 하나 된 눈빛에
위성의 거리가 계량되는 시간
여기는 하나 된 숨결로
흐르는 물들의 속도가 가늠되는 곳
영광처럼 상처도 소중한
그대 나의 영지여

사랑의 신화

잔잔한 내 가슴 언저리에
물보라를 일으키며 저어 오던
그대의 빛나는 뱃기슭이여
그대의 가슴에
예쁜 물새를 날리며
마중 간 나의 발자국 자국
그 발자국 다시 밟아
처형대에 오른다 해도
나 고요히 웃으며 들으리
아무도 모르게 숨겨진
우리들의 이야기

수평선에 곱게 피어나는
꽃구름처럼
하얀 내 가슴에
산홋빛보다 붉게 찍어 놓은
정겨운 그대의 모습
긴긴 이야기들
그처럼 붉은 피 흘려 흘려
숨겨야 한다 해도
그대 두고 숨겨야 한대도
나 고요히 웃으며 들으리
아무도 모르게 둘이서 엮은
사랑의 신화

꽃 피우는 일 하나로 목숨을 사르듯

그리움 — 물의 연가 — 꽃 피우는 일 하나로 목숨을 사르듯 — 봄꽃 사랑

지는 목련의 말씀 — 이 봄에는 — 수련 — 너를 위하여 — 민들레 — 가을 그리움 — 비 오는 날 — 들국화

그대 앞에 — 망초꽃 — 밤 시냇가에서 — 바람에게 — 목련이 이우는 뜨락에서 — 백장미 — 자연 — 포플러

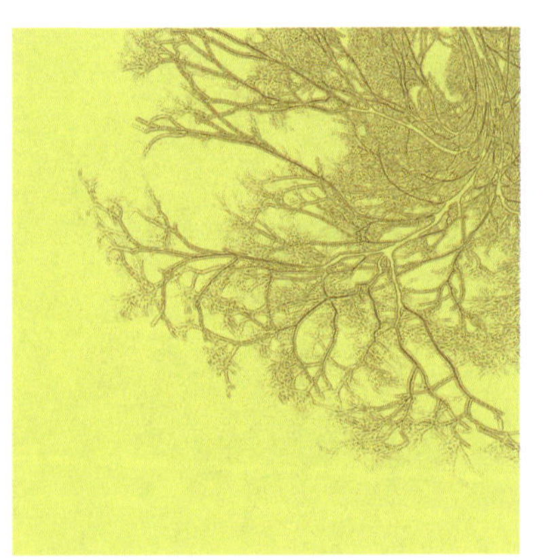

그리움

바람도
아무도 모르게 일이나
안으로만 치닫더니
꽃처럼은
꽃처럼은 살지 못 해
끝내 살 수 없어
소리 없는 모반의 깃발로 나부끼는데
떨며 나부끼는데
바람도
바람도 바람도….

물의 연가

그대 위해서라면
아무리 낮은 곳이라도
내려설 수 있어요
나 무너질 수도 있어요
천만 번도 더

그대 있는 곳이라면
어디라도 갈 수 있어요
심산계곡 거친 들
대양 너머 하늘까지라도

그대에게 기쁨 된다면
꽃과 별의 속삭임을
뜨거운 가슴에 품어 노래를 빚어내듯
살과 넋을 가르는 아픔도
함묵으로 일렁일 수 있어요

그대와 하나일 수 있다면
천지에 내 모습
자취 없이 사라진대도
꽃잎으로 웃을 거예요
푸른 휘파람 날리며
행복의 열매를 익힐 거예요

꽃 피우는 일 하나로 목숨을 사르듯

지난 겨우내
잎 지고 눈 덮인 살과 들에
겨울 복음서를 펼쳐 주신
분이여

나목의 여린 가지가
간직했던 만큼의 꿈이
파릇이 움트는 이 계절엔
근심 걱정의 회색 커튼 훌훌 걷어내고
새로 솟는 기도의 샘물을 긷는
부지런으로 축복하소서

눈발 채 녹여 내지 못한
우리네 마음 뜨락에도
봄볕 넉넉히 비추어 주시어
소박하지만 드높은 소망을
씨 뿌리게 하소서

꽃 피우는 일 하나로
목숨을 사르듯
눈비 섞어 치는 꽃샘바람 속에서도
가지마다 줄기마다 온통 꽃을 피운
봄꽃들의 뜨거움으로

당신과 우리 사이에
우리와 우리 사이에
사랑의 고운 꽃 피우고만 싶습니다

가냘픈 꽃술 속에서
잘 익은 열매를 미리 알아보고
이별의 아픔조차
화사한 낙화의 물결로 다스리며
기꺼이 떨어져 내리는
지는 꽃잎들의 슬기를 배우고만 싶습니다

천천히 복음서를 넘기시며
트여오는 봄누리에
새 말씀을 적으시는
분이시여
기도의 샘가에서
아직도 침침한 눈을 씻고
봄 말씀 새로 읽는 우리들의
척박한 뜨락에
낙화의 믿음 고루 뿌려
소망의 순 튼튼히 키워가게 하소서

봄꽃 사랑

꽃 피우기 위해
목숨을 불태우듯
생명의 고운 빛깔 모두 모아
가지마다 함빡 꽃 등불 켜 단
봄꽃의 뜨거움이고 싶습니다

남김 없는 헌신으로 지은
꽃누리 그 향기로운 세상조차
어린 열매들을 비켜나
기꺼이 떨어져 내리는
봄꽃의 겸손이고 싶습니다

아프도록 고운 모습 땅에 묻고
연둣빛 잎새들에게 푸른 춤 가르치며

거친 비바람 속에서도
틈실한 열매 키워 내는
봄꽃의 숨은 희생이고 싶습니다

이 봄의
내 사랑은

지는 목련의 말씀

어쩌면 좋으랴
어쩌면 좋으랴

눈 감고 돌아서도
선연한 그대 모습 어루만져
복사꽃보다야 고운 사연
그대 가슴에 쓰렸더니
목숨마다 점지된
오직 한 자루의 붓을 들어
그대 혼에 새기렸더니

내 한 생애
아직 이른 새벽녘에
흰 옷 한 벌 둘러주고
떠나버린 그대를
어쩌면 좋으랴 참말

여지껏 가시지 않은 어여쁨
식히지 못한 가슴을
그대 스친 발자국에라도
남김없이 뿌릴 수만 있다면
이 한 목숨
그림자조차 거두어
떠날 수도 있을 것을

어쩌면 좋으랴
바람도 없이
술렁이는
이 봄을 나 정말
어쩌면 좋으랴

이 봄에는

참아낼 수 없어라
이 봄에는
뜨거움 삭힐 줄 몰라
삼동을 얼렸던 핏줄
한꺼번에 녹아 흘러
가지마다 줄기마다
붉은 꽃 피울 것만 같아

위태로와라
이 봄에는
한 목숨 그리움의 등에
고요히 타오르던 불꽃 치솟아
추억의 고운 잎새 다 날리고
빈 가지로 흔들리던 그대 일상에
푸른 불길 타오르게 할 것만 같아

걷잡을 수 없어라
이 봄에는
심층 깊은 곳으로만 흐르던
사랑의 용암 무섭게 분출해
애써 지켜온 우리 사이
뒤엉긴 화석 하나
세우고야 말 것만 같아

수련

내가
그대를
사랑한다는 건
가슴 아린
한 생의 무늬로 출렁이는
그리움의 파도에
나를 띄우는 일

그대 이마에 내리는
별빛에 새벽하늘 열려오고
그대 가슴 스치는
가는 바람결에도
온몸이 흔들리는 일상으로
그대 가슴 깊이
더욱 깊이
뿌리 내리는 일

그대와 함께 아니면
내 모든 일이
흔적도 없이 사라지고 말아
한 생애가
뜻 없이 흘러가는
물결이 되는 일

그대를 내가
참으로 사랑한다는 건
그리움에 지쳐 누운 가슴이
진흙 수렁일 수밖에 없을 때라도
기다림의 푸른 잎새 위에
해맑은 꽃 한 송이
피워 얹는 일

너를 위하여

나 너를 위해
관음소심 하얀 꽃송이 아래
눈에 띄지 않게 숨어서
너를 떠받치는 기쁨에 떠는
꽃대궁이고 싶어라
네가 그 연연한 꽃잎 거두어
푸르디푸른 잎으로 너울댈 때면
아무도 모르게 땅 속에 묻혀
너를 지탱하는 일로 행복한
뿌리이고 싶어라

민들레

만남의 길 엇갈려
자다가도 목이 타는
쓰거운 운명의 길목일레

사방팔방 방황하던 내 발길
푹푹 빠져 묶이고 마는
달빛 부름일레

뜨고도 못 보던
까막눈 밝혀 주는
은총의 별빛일레

사무쳐 사무쳐 그 이름 부르다가
시공의 끈 떨치고 초월을 배운
내 사랑의 영근 씨앗일레

사르르 잔바람결에도
하얀 꿈 나래 펴 영원으로 날아가는
새로운 언약일레

가을 그리움

숨결 고른 산허리에
남몰래 향내 터뜨리는
마타리꽃 가슴에서
맑게 울려 퍼지는
보랏빛 종소리 신고
가을 사립문 선뜻 밀고 들어서시는
분이여
한 줄금 쏟아지는 빗줄기가
그리워 그리워 밤마다 눈뜨던
지난여름의 목마름은
치열한 제 불길 속에서
고독의 서늘한 나랠 빚어 달고
푸른 하늘을 날고 있습니다
금빛 햇살 머무는 자리마다
열매들 익어
꽃보다 곱게 단풍드는 계절이
풀벌레 노래 속에 영글어 가는
지금은 가을

갈대숲 넘이오는 바람결마다
산국화 향 같은 찬미가를
띄우고 싶습니다 당신께
산새 머물다 간 나뭇가지에서
풀잎처럼 흔들리다
떨어져 내리는 시간의 잎새마다
영원한 언약을 새기고만 싶습니다
저무는 강둑에 서면
수묵 빛으로 번지는
그리움 한 폭 지피고
물안개 골안개로 얼굴 가리고 떠나시는
날마다 더욱 그리운
님이시여

비 오는 날

비 오는 날
그것도 소낙비
우르르 쏟아지는 날은
차라리 울어 버리자

하늘도 울고
나무도 울고
집들도 울고
웃는 얼굴만 보여야 하는
하다못해 꽃들마저
형형색색 설움을
쏟아 내질 않는가

장대비 함부로 쏟아지는 날엔
엉엉엉 소리쳐 울자
그토록 완벽하게
입 다물고 의연하던 땅마저
붉은 피 토하며
울어 쌓질 않는가

나뭇잎이고 지붕이고
후두둑 후두둑 눈물짓는 소리
계곡도 소리치고
냇물도 통곡하며
심지어 천둥 번개소리 한데 어우러져
누구의 울음소리든 받아 주는
울기에 딱 좋은 날
비 오는 날

온종일이고 며칠이고
비 쏟아지는 날은
삼박사일이고 사박오일이고
실컷 울어 보자
눈물샘 바닥나도록
끝까지 울어보자

들국화

묻지 마라
눈만 마주쳐도 꽃불 터지던
그 봄의 설렘을
가는 길마다 아물대던 아지랑이
선택의 아픔을

제발 묻지 마라
옷깃만 스쳐도 휘감겨
타오르던 불밭을
느닷없이 돌아서 천둥번개로 으르렁대던
저 여름의 배반을

사랑은 되돌려 받지 못할 것
알면서도 오히려 더 주어야
넉넉한 샘물 고이는 이치
피 흘리며 깨달은 뒤에야
잔잔한 웃음 한 자락
비로소 내 것으로 안은 아침

나뭇잎 풀잎 숨죽이는
무서리 잎에 꼿꼿이 고개 들고
얼어붙은 눈물꽃 분분히 쏟아지는
겨울조차 어쩔 수 없는
맑은 향기 한 움큼으로 선
내 생을 묻지 마라

그대 앞에

그대의 다정한 눈길 속에선
나는 한 포기
꿈 빚는 나무
천만 밤을 포갠 어둠도
한낮보다 밝아옵니다.

그대를 기다림은
기다림은
별 담은 이슬을 모으는 마음
작은 숨결도 소란스러워
고요히 잠재웁니다.

그대 앞에 나는
한 송이 눈꽃
피어나는 찬란한 꿈 머금은 채
타오르는 그대 가슴에 내려앉는
한 송이 눈꽃입니다.

망초꽃

이름 없는
들풀도 제 빛에 겨워
덤불덤불 우거지는 철이면
더는 숨길 수 없는
연둣빛 그리움으로 고개 들고
기웃거리는 여인아

작은 가슴 속에
차고 넘치게 들어앉은
고운 이 모습
못내 넘쳐나는 자랑되어
비바람 섞어 치는 날에도
입가에 피워 문
하얀 웃음 날리는 여인아

사랑하는 사람을 사랑한다고
말하지 않으면
온 세상이
한꺼번에 소리칠 것만 같은 가슴
더는 가누지 못해
사방팔방으로
동그랗게 동그랗게 띄우는
소리 없는 고백
익을 대로 익은 사랑을
안고 있는 여인아

밤 시냇가에서

내 가슴에
켜켜 가라앉은
어둠을
밤새도록 어루만지며
차마 말이 되지 못한 채 쌓인
수많은 할 말을
조용히 들어주던
밤 시냇물
부드러운 사랑의 포말도
수억만 개 한꺼번에 모여
천길 벼랑으로 쏟아지는
폭포가 되면
절망의 바위산 쪼개고
소망의 푸른 나무 키워 낼 수 있다고
끊임없이
끊임없이
속삭입니다

바람에게

당신은
시간의 교외에서 불어오는
투명한 모순
내 불안을 빗질하는 손으로
나의 안정에 불을 놓는다

당신이 두르고 오는
영원의 옷자락에 안기면
우주는
내 손에 머무는
순간마다 낯설도록 새로운
흑백의 판화

당신 앞에 나는
흔들리는 꽃의
안정이다

목련이 이우는 뜨락에서

목련이 이우는
해질녘
눈빛도
흔들리는 한 자락은
베어 낸 눈빛으로
문 열고
뜨락에 서면
한 세상 살아가는
잘 안 잡히는 뜻도
시간의 가지 끝에
설핏 나랠 접는가
버리고
돌아서
또 한 고개 넘어서야
맛이 드는 웃음으로
그대를 보면
사랑도
얼룩진 옷을 벗는다

백장미

이제는
더 숨길 수 없는
연정입니다
도저히 말씀으론
다 드릴 수 없는 가슴입니다
다가설수록
아득하기만 한 그대
찾아나서는 길목마다 헝클어져
전신이 사위는 그리움이여
그대 그림자 그 발치에라도
나를 다 피워 올릴 수밖에 없는
이 화려한 비운 앞에
물러설 한 치의 땅조차 없이
눈물에 헹구어 낸
하얀 의상만
겹겹이 쌓이는
사랑의 현장입니다

자연

자연은
무수한 말씀
감추어 두신
비밀스러운 성서

감아야 열리는
맑은 눈으로
감격하며 넘겨가는
갈피마다

산에는
산의 말씀
꽃잎마다
향긋한 꽃의 말씀
순간마다 새롭게
살아옵니다

귀를 닫아
새로 열려오는 귀
가만히 기울여보면

바람결에 바람 말씀
물결마다 물의 말씀
목마른 영혼 적시며
여울져옵니다

포플러

당신의 얼굴
볼 수 없어도
당신의 음성 들을 수 없어도
나는 행복을 노래하는 한 마리 새

무량으로 부어 주시는
맑은 햇살
빛나는 은총의 물결 속에서
부르지 않으면 죽을 것만 같은
생명의 찬가로 무늬 짓는
나는 살아 있는
당신의 송가頌歌

비바람에도
젖지 않는
내 영혼은
절망의 암벽에서도
떠오르는 별을 봅니다

때로 당신을 느끼지 못해
나부낄 때도
언제나 함께 계시는 당신의 현존
영원히 꺼지지 않는 불빛 되어
내 한 생애는
고통이 더 큰 감사를 안고 오는
축복의 노래입니다

내 영혼의 젖은 뒷모습

충만 ― 나에게 들려주는 말 ― 내 영혼의 젖은 뒷모습 ― 나를 찾아서 ― 기도에서 ― 출항 ― 내 이름 부르는 낮은 목소리
귀를 열고 ― 작은 자의 기도 ― 밤 ― 그대 가슴을 돌아 흐르는 나의 눈물 ― 어린 삶의 한 갈피에서 ― 꿈길에 그리는 그림
시인의 기도 ― 내 마음 속에 ― 침묵을 위한 기도 ― 고독 ― 당신을 둘러싸고 ― 겨울 기도 ― 또 다른 봄을 밝히며

충만

일상의 버릇처럼
하늘을 본다

구름이 오고
구름이 가고

이름이 오고
얼굴이 가고

바람이 오고
집착이 가고

비인 하늘이 있다
비인 마음이 있다

나에게 들려주는 말

너의
순간순간이
사랑으로 채워지기까지

너의
생각과 말과 일함을
재는 자가
사랑이 되기까지

네가 쓰는
시의 샘이
사랑이기까지

그리하여
너의 존재 그것이
사랑이기까지

너

무엇을 알았다고

말할 수 없다

내 영혼의 젖은 뒷모습

비탈에 선 나무
빈 가지 흔드는
바람결마다 번지는
마른 국화 향

맵고 단단한 부리로
보이는 것들의
껍데기를 쪼는
산새들의 눈빛
별빛 담아 겨울맞이
노래로 흐를 때

사랑이여
그대 이름 하나
추운 가슴 속 불씨로 묻고
적막의 계절로 떠나는
내 영혼의
젖은 뒷모습 보입니다

나를 찾아서

너 어디 있느냐
네가
지금
어디에
있느냐
당신이
그토록 부르고
찾아도
나는 모르네
내가 어디 있는지

너
어디
있느냐
사방팔방에서
당신의 부름 메아리쳐 와도
나는 대답하지 못하네
내가 찾아낸

그늘 속에서
동굴 속에서
내가 만든 껍데기 속에
숨어있을 뿐

나는 모르네
내가
어디 있는지
당신의 부름에
끝내 대답하지 못 하네

기도에서

내가
나를 처음 만난
그곳에서
나는 울었다

가까운 듯 멀기만 하던
당신의 가슴을
처음 열었을 때도

그 이후
눈물이듯 웃음이듯
짚어낼 수 없는 아픔을 동반하고
흘러내린 내 질서
침식되던 멀고 긴 시간의 껍질들

아침 식탁의
유리컵에 뜨는
고독의 파란 눈썹처럼

무시로 출렁이는 내 수면에
저쪽까지 뿌리 내리고 눈을 뜬
시간이 어렸다

내가 물을 주는
시간의 가지를 휘어잡고
잎새들의 색채를 살펴
낮과 밤이 뜻을 바꾸는 일상이
그곳에서 비롯되었다

출항

출항의 새 깃발을
높이높이 올리며
나 이제 떠나리라
인생은 처음부터
미지의 세계로 떠나는 여행
어제까지의 뱃길이 사라진 대양을 건너는
언제나 새로운 모험인 것을
나 이제 떠나리라
긴긴 항해에서 만날 수도 있는
폭풍과 해일을 두려워하지 않고
한 번도 가본 적 없는 미래를 향해
기꺼이 내 목숨의 그물을 던지리라
매 순간 지금 여기에서의 내 몫인
삶을 낚아 올리기 위해
지난 세기 해묵은 과거의 창살을 부수고
끝내 내 것이 아닐 수도 있는
미래의 환영 그 거친 물살을 가르며 질주하리라
사랑은

알 수 없는 결과에 나를 던지는
전 존재를 건 투망
되돌려 받으려는 어리석음을 버리고
상처와 배반조차 두려워하지 않고
아낌없이 나를 줄 때만
도달하는 신비의 섬인 것을
나 이제 떠나리라
뱃머리를 어루만지며 다가오는 새날의
푸른 하늘에 희망의 깃발 펄럭이며
뱃고동 소리와 함께 출항하리라
비교와 키 재기가 없는 곳을 향해
최선을 다한 성공과 실패가
같은 무게로 달리는 곳을 향해
손익계산서가 더 이상은 뜻이 없는 곳
사랑도 미움도 울타리를 허물고
모든 사람 더불어 함께 있어
웃음도 눈물도 제 맛이 나는
그 나라를 향해
나 이제 떠나리라

내 이름 부르는 낮은 목소리

가을비 내리는
깊은 밤
홀로 깨어 앉으면
저절로 타오르는
그리움의 혼불
한 자루
끝없어라
기다림의 뼈 시린 어둠
둥그렇게 둥그렇게 밀려가는
마음자리에
선뜻 들어서는
그대 내 이름 부르는
낮은 목소리

귀를 열고

이제야 들리네
마당귀에서
바람과 노는 각시붓꽃
수줍은 웃음소리

이제야 들리네
세상사 어지럼 속에
내가 잃어버리고 살던
나의 소리

이제야 들리네
머나먼 나그넷길
함께 가는
벗님들 소리

이제야 들리네
나를 부르는
애타는 음성
그분의 소리

작은 자의 기도

주여
내 마음 속 깊은 곳에
작은 호수를 마련하시어
당신의 원하오심
잔잔히 여울지게 하옵소서

구름 없이 맑은 날
불 없이도 환한 밤에도
쓸쓸한 눈빛으로 돌아와
잔잔한 여울을 담는
순간을 베풀어 주옵시고

눈보라 비바람 섞어 치는 날
칠흑 어둠에 몸져눕는 밤엘랑
님이시여
눈물에 헹구어 낸 맑은 눈에
주의 사랑 크오심을 오래 담게 하옵소서

청홍흑백 갊아 이은
네 계절이 접히우고 접힌 먼 날
마지막 노을빛을 걸어 주시오면
마음과 소망 함께 했던
이웃들의 삶 속에 님께로 가오리다

주여
내 마음 속 깊은 곳에
작은 호수를 마련하시어
잔잔히 여울지는
당신 뜻 따라
작은 자의 미소를 배워가게 하옵소서

밤

내가 버린 단어들이
빛나는 물새로 떠도는
해변에서 만난 젖은 바람
나뭇가지가 잡은
한 다발의 햇살을 빼앗아 들고
숲 속
길을 막고 길게 누운
늪으로 간다
나의 안과 밖이
어둠 속에 파묻히고
늪에서 잠을 깬 북소릴 끌어안는
바다

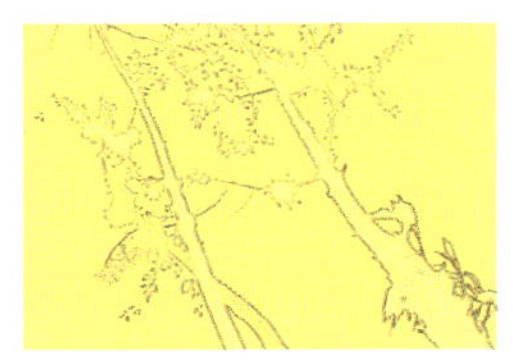
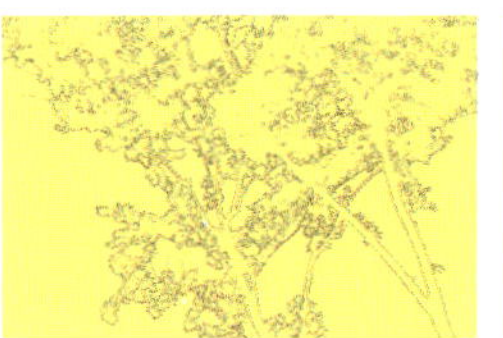
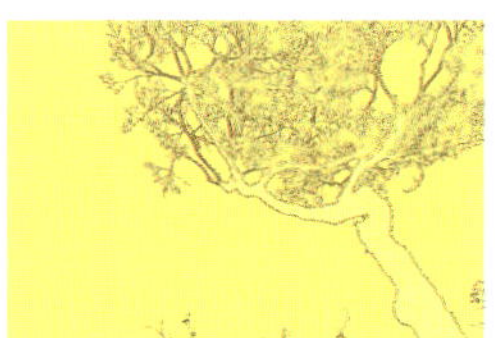

하나씩 모반의 손끝으로
절망의 건반을 두드리며
도망치는 단어들
내 건강을 술처럼 따라 마시며
벼랑으로 나를 모는 바람이여
빈 컵 가득히 어둠이 넘치는 밤
바람 소리가 요란하다

그대 가슴을 돌아 흐르는 나의 눈물

그대 이름
부르는 내 음성의
뿌리를
그대는 아십니다

그대를 둘러싼
그리움으로
그리움으로
때도 없이 몸살 앓는
내 불치의 병을
그대는 아십니다

그대에게
갈 수 없어
살 지고 목숨 더는
나의 일상을 그대는 잘 아십니다

내 한 있음
온전히 추스려
사랑하는 이여
그대 가슴을 돌아
흘러내리는
내 눈물의 깊이도
그대는 아십니다

여린 삶의 한 갈피에서

그대는
오월 어느 하루
장미 떨기 품어
한 송이 꽃 피우고
떠나는 바람인가

이토록 여리고
짧은 삶의 한 갈피에서
그대 이름
수없이 부르며 쓰며
살 내리는 그리움 우는
나는
바람 잡을 수 없는
안타까움의 꽃나무인가

그래도 뉘 알리
그대와
내가 만나
온 우주
제 빛으로
빛나는 뜻을

꿈길에 그리는 그림

그대 찾아 떠나는
밤마다의
꿈길에
내가 그리는 그림은

하늘
땅
그 안에
그대와 나
마주 이어
넉넉히 완성되는
그림 한 폭

한해살이
풀포기도
햇빛 달빛 고루 받아
제 빛으로 찬란한
수채화 한 폭

시인의 기도

한 줄 읽고
눈 감으면
가슴 가득
맑은 노래 고이는
향기로운 시를 쓰게 해 주소서

한 줄 읽고
이웃을 보면
아름다운 마음 훤히 열려
손과 손 마주 잡는
따뜻한 시를 쓰게 해 주소서

한 줄 읽고
하늘 보면
영혼마다
천상의 향기 스미는
겸손한 시를 쓰게 해 주소서

한 줄 읽고
아주 잊고 말아노
끝내 진리 앞에 마주 앉게 하는
강인한 시를
내 한 생애 동안
쓰게 해 주소서

내 마음 속에

내 마음 속에
얼마나 많은 사람의
이름이 새겨져 있는지요

내 마음 속에
얼마나 많은 사람의
얼굴이 그려져 있는지요

가장 깊은 곳에서
밝아오는 당신의 빛으로
새롭게 바라보면

사람들의 이름과 얼굴은
내가 당신께로 가는 길입니다
당신을 만나는 곳입니다
바로 당신입니다

침묵을 위한 기도

다가설수록
그리운 님이여
메마른 들판으로
나를 인도하소서

모래 바람 휘몰아치는
사막 한가운데
나를 세워 주소서

거기 살아 있는
당신의 침묵과
나의 침묵이 맞닿은 곳에
당신의 숨소리 번져
내 영혼에 스미오니

적막한 광야에
홀로 있게 하옵소서
침묵의 한가운데
당신 안에 머물게 해 주소서

고독

혼자서
못 건너는
무시무시한 강

침묵 속에 굽어보면
시든 풀잎에라도 기대 보는
내가 어리는 수면

햇살 한 줄기 잉태하여
기슭에 묻힌
꽃씨를 싹틔우고
먼 데 바람에 싸여 온
향내 품어 부푸는 봉오리
때 가려 피워 내는
살아 있는 물

노을 비낀 하늘 아래
금빛 돛폭 나부끼며
배 한 척 흘러가는
신비로운 물줄기

당신을 둘러싸고

큰 사전 행간까지 찾아도
안 나오는 단어 같은
눈짓 한 번으로
당신은
내 가는 손에
날이 선 칼을 들렸다

당신의 이마에 흔들리는
머리칼 한 올에도
일곱 번 자취도 없이 사라지고
오롯이 다시 서는
나의 질서

꽃이 피고 지는
의미의 한가운데로 스며와
내 가장 깊은 수면에 물살 짓는
당신의 숨소리

온 누리 꽃내로 황홀한
당신의 징밀 속에
나를 잃기 위해
그림자 지는 땅
열두 색 하나로 살아
고운 실 고운 실을 베어 내는
나는 칼을 든 여인

겨울 기도

이 겨울에는 주여
깜깜한 밤으로
나를 불러 주소서

스스로의 지혜로
밝혀 든 등불
바른 길 가리는 안개
두 손에 움켜 쥔 빛나는 것들이
길 막는 바위임을 깨닫게 하소서

한 해 기울여 익힌 열매
잎새까지도 버리고
빈 손 쳐든
겨울나무의 슬기를 배워
기도마저 버린 내가
당신 앞에 엎드리게 하소서

헐벗은 영혼 가려
다가오시는
가슴 뜨거운
님이시여
깊은 밤 견고한 어둠 속에서
기도 너머 기도를
배우게 하소서
이 겨울에는

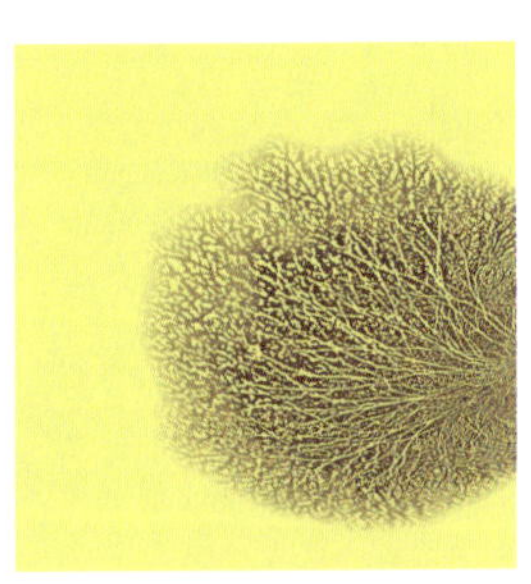

또 다른 불을 밝히며

맨발의 내가
오르는
산

산도
고개 넘을수록
무섭게 타오르는
산

동행이 없는
동행이 없는
길

굽어보면
아슬아슬한 벼랑

가파른 산허리
해가
저문다

세월의 강가에 발을 멈추고

떠날 것은 떠나고 남는 건 남지만 / 눈 뜨고 보니 / 왜 / 세월의 강가에 발을 멈추고 / 독백 / 신화 같은 달빛이
어느 아침의 소리 / 사랑을 위한 기도 / 가을의 고해 / 새해 아침의 기도 / 나의 기쁨 / 별빛에 새벽하늘 열려오고
그대 약속 별빛 되어 / 순결한 불씨로 / 등꽃 / 사랑의 신비로 / 내 안에 흐르는 강 / 가을 산에서

떠날 것은 떠나고 남는 건 남지만

바람이 나무에게 전하고
풀잎이 바위에 전하고
산이 하늘에 전한 말
냇물이 다 안다고
설핏 바라만 보아도 다 안다고
말 안 해도 다 안다고
눈짓하며 흐릅니다

언제나 떠날 것은 떠나고
남는 것은 남지만
남는 것 또한
언젠가는 떠날 거라고
지금도 떠나고 있는 중이라고
흔들흔들 물살 지으며
흐르고 흐릅니다

눈 뜨고 보니

거기 있었네
정말 있었네
내가 찾던
바로 그 세상

근심
걱정
편견
사상과 지식
껍데기란
껍데기는 다 깨뜨리고

눈뜨고
다시 보니
거기 있었네
참말 있었네

태초부터 있었고
시금노 있고
영원히 있을
아름다운 세상

왜

하나님
정답도 모범답안도 없는
시험장에
왜 나를 보내셨습니까

거센 파도
헤쳐 가는 법도 밝혀지지 않은
슬픔의 강에
왜 나를 빠뜨리셨습니까

손잡아 주는 이보다
밟고 올라서려는 자 더 많은
무질서한 경기장에
왜 나를 세우셨습니까

친절도 경고 받고
사랑도 유죄판결 받는
재판장에
왜 나를 피고로 앉히셨습니까

하나님
아직은 당신 이름 불러 호소할 수 있는
내 눈물과 감사의 기도를 들으시고
대답해 주세요

세월의 강가에 발을 멈추고

흐르는 세월의 강가에
잠시 발을 멈추고
오던 길 뒤돌아보면
이제야 보이네
아픔과 시련이 키워온
사랑의 진주
그 영롱한 빛이

함께의 아픔이
겨운 날일수록
오랜 기도의 손끝에서 어둠 풀리고
뼈를 녹이던 고독조차
존재의 심연 건너는 징검다리 되었던 일
가난이 곧
은총 받는 빈 그릇이었음을
이제야 환히 알겠네

그대와 나
세월의 강가에
잠시 멈추어 서서
할 수 있는 일은
오직 하나
감사의 노래

독백

끝내 다스리지 못한
마음으로
스스로 벌 받는
오후
심장에 박히는
후회의 밤 송아리

나를 잊을 만큼
사랑함도
유죄가 되는 세상에서는
벙어리가 되자
귀머거리가 되자

가슴 밑바닥에서
타오르는 말 따위는
침묵으로 끄고
그냥 이대로 걷자
이제까지의 걸음걸이로

신화 같은 달빛이

신화 같은 달빛이
어둠을 벗기는 밤
한 그루 꽃나무 앞에서
내 사념의 울타리를 허물며
처음으로 총명을 가르치던
그의 눈빛 같은 계시를 만난다

그의 어조를 그물처럼 잡아당기면
마음속에 숨겨진 언어들이 잡혀들 듯
바람에 흔들리는
잔잔한 꽃의 몸짓을
가만히 잡아당기면
꽃잎마다 걸려드는
꽃이 피어나기에 해당되는
시간과 공간의 빛깔

가만히 보고 있을 때
그의 구석구석에서 일어나
내 영혼 제일 깊은 곳에
신비한 문양을 찍는
생명의 뜻처럼
안 보이는 손의 지문을 전달하는
꽃나무에 꽃이 피어난다는
놀라운 질서

신화 같은 달빛이
한 겹 한 겹
어둠을 벗기는 밤
한 그루 라일락 앞에서
생명의 깃발을 신비롭게 흔드는
손목을 잡아 본다

어느 아침의 소리

무심히 접히는
일상의 갈피에서
한 편의
빛나는 시를 만나는
아침

오랫동안 흐려 있던
눈 맑게 개이고
생존의 울타리에 묶였던 귀가
소음을 털고 일어선다

아, 숨 가쁜 일과의 틈바구니에 끼어
목 졸렸던 그리움에
핏기 도는 소리
꺾였던 꿈의 날개
비상을 준비하는 소리

맑게 트여 오는 하늘가에
깨끗한 기울을 내거는
시인을 시집에서 만나는 아침

영혼을 흔들던 바람마저 잠들고
저만치 물러갔던 얼굴과 이름들이
가슴을 열며 다가서는 소리 들린다
아득히 잊고 살던
그 분의 숨소리가 들린다

사랑을 위한 기도

고운 님
이름 석 자
소중한 꽃씨로
가슴에 묻던 날은
눈부시게 내리는
순금의 햇살을 서려
결도 고운 비단 필
짜고 또 짰더랬습니다

봄풀 향기 흐르는
아침 창가에서
꿈꾸는 가슴
숱한 빛깔의 꿈을
수정보다 맑은 나래에 얹고
미래로 날아간
우리들의 빛나는 약속이여

이 땅의 누구도
치유할 수 없는
사랑의 아픔을 두르고 왔습니다

시시로 눈물겹고
저며드는
가슴 한 끝 붙들고
여기 엎드렸습니다

절망을
절망으로 앓는 일은
빛을 빛으로 살지 못하고
그늘이어늘

사랑으로 얻은 아픔
더욱 사랑함으로
치유하라 이르십니까
사랑은 퍼 줄수록
깊어지는 물이라 말씀하시옵니까

꿈 서린 가슴 가슴에서
고운 빛깔 실을 뽑아
생명의 뜻 짜고 또 짜며 걸어온
삶의 뒤안길에서
잠시 멈추어 선 내 사랑은
아파도 주고 또 주어서
맑아지는 샘이게 하소서

낮은 곳으로
낮은 곳으로 흐르고 흘러
깊어지고 높아지는 물이게 하소서
아, 내 사랑은 이제
아무도 모르게 땅 속 깊어 스며 흐르다
때 가려 꽃을 피워 내는
살아 있는 물이게 하소서

가을의 고해

나의
무엇이 아닌
내가 져야 하는 계절입니다

당신을 향해
돌아서는 이 시간

주여
버릴 것 버리지 못해
가난한 나날을
참회합니다

사랑으로 살아간대도
너무나 짧은 한 생
더욱 사랑하지 못한 죄를
통회합니다

가을볕보다 더 좋은
은혜의 햇살에도

익지 못해
아린 영혼을 고백합니다

주여
척박한 내 뜨락의
마지막 잎새까지 지면
가을 산하 어디에나 펼쳐 두신
복음을 읽겠습니다

내가 나를 만나는
침묵의 계절을 이젠 허락해 주소서
헐벗은 내가 당신을 입는
기도의 맨 속문을 열어 주옵소서

내가 진 자리마다
당신이 살아오면
남은 날은
더욱 사랑하며 살겠습니다
더욱 사랑하며 살겠습니다

새해 아침의 기도

주여, 우리 모두
선달 그믐날 씻어 놓은
세찬 담을 그릇인 양
비운 마음도 새로 씻어
새해 새아침을 열게 하소서

이웃에게 상처 주는
날이 선 말 비우고
세상 먼지 켜켜 쌓인 말
침묵으로 정히 씻어
참 삶의 길 훤히 비추어 주는
사랑의 말을 배워 가게 하소서

걱정과 불안이 둘러치는
일상의 어둠을 이 아침에는
걷어내게 하시고
당신의 선하신 뜻 안에서
상황의 변화와 복음의 빛을 신뢰함으로
새 소망의 돛을 올리게 하소서

주여, 이 아침에는
지난날의 짐도 벗어 버리고
스스로의 한계와
저마다의 몫으로 받은 고독조차
아름다운 빛깔로 꽃피워 내도록
디딤돌 서로 놓아 주는
따뜻한 손과 손을 잡게 하소서

새해 새아침에는, 주여
첫새벽에 길어 올린
샘물 같은 마음으로
그 물에 빛나는
아침햇살 같은 눈빛 하나로 모으고
더불어 살아가는 슬기의 문 열게 하소서

나의 기쁨

누가 나를
거지라 하신대도
나는 기쁩니다
가난한 이에게
하늘나라를 주시는 분이
나를 아시기 때문입니다

내가 소경이거나 벙어리이거나
귀머거리라 하신대도
나는 기쁩니다
가리운 눈 뜨게 하여
참 세상 보게 하시는 분이
참된 말 듣고 참된 말 하도록
나를 인도하시기 때문입니다

내가 병자라 하셔도
나는 기쁩니다
아픈 곳 고쳐 주는 의사이신 분을
내가 믿고 의지하기 때문입니다

내가 위선자거나 죄인이라
질책하신대도
나는 기쁩니다
죄인을 불러 회개시키는 분이
나를 변화시킬 수 있음을
내가 확실히 알기 때문입니다

내가 무엇이라 하셔도
나는 기쁩니다
내가 아무것도 아니라시면
더욱 기쁩니다

세상에 오시어
죽으시고
부활하신 주님이
나의 모든 일에
모든 것이 되시기 때문입니다

별빛에 새벽하늘 열려오고

1.

그대에게 드리는
내 사랑은
흔들리는 물결 위에서
봄부터 그리움에 떠는
한 떨기 수련이어라
그대 얼굴에 내리는
별빛에 새벽하늘 열려오고
그대 가슴에 스쳐가는 바람결에
내 한 목숨 흔들리나니
나 그대 가슴 깊이
더 깊이 뿌리내리고 싶어라

2.

그대에게 드리는
내 사랑은
흘러가는 시간 속에서
만남의 푸르른 배 젓는
한 떨기 수련이어라
그대 눈 속에 어리는
햇살에 온 하루가 밝아오고
그대 가슴에 피어나는 꿈빛 따라
내 한 생애가 흔들리나니
나 그대 마음 깊이
더욱 깊이
해맑은 꽃 한 송이로 피리라

그대 약속 별빛 되어

두렵지 않습니다
그대 손잡고 가는
이 길
안내장도 지도도 없이
고향 떠나 찾아 나선
낯선 길도
그대의 약속 별빛 되어
달빛 숨은 어둠조차 길을 엽니다

외롭지 않습니다
그대와 함께 하는
이 항해
나침반도 키도 없이
밀려오는 거센 풍랑 넘어가는
망망한 바닷길도
그대 사랑 피난처 되어
운명의 태풍조차 비켜갑니다

순결한 불씨로

나 이제
불을 끄렵니다
외풍 따라
쉼 없이 깜박이는
불을 훅 꺼버리렵니다
조건 따라
늘상 흔들리는
불일랑 아주 꺼버리렵니다
어두울 대로 어두워진
암흑 속에 파묻혀
넘쳐나는 눈물에 씻고 씻은
내 사랑이 빚은
작은 등잔 하나
훨훨 타는 아픔의 불가마에서 따낸
순결한 불씨 뎅겨와
앞길 밝히렵니다
찬란하진 않지만
소박한 빛으로 살렵니다

등꽃

눈부셔라
그대의 눈빛
뜨거움 받아내지 못해
고개 숙여도
머무는 자리마다
절로 푸르러 가는 그리움
빛깔 고운
새순 틔우는
연둣빛 꿈이파리

황홀하여라
영혼까지 스미는
그대의 숨결
맨살로 감아 안은
우주 속의 우주
보랏빛 꽃타래로 피어나는데
맨 처음 불 켠 가슴
부끄리며 부끄리며
문 여는 소리

아 고마워라
그대 사랑 내 안에 살아 있어
철 가려 꽃등불 피워 거는
은총도 화려한 한 생이 열렸어라
꽃진 후에 더 고운 꽃물 배는
여인이 되었어라

사랑의 신비로

주어서
덜어짐이 없고
잃어도
상실이 없는
사랑의 신비로
가장 높은 법을 삼아
어리석음 택해 사는 나날
그대 하나
오롯이 사랑한 내게
신께서 허락하신
빛나는 것 중에도
가장 빛나는
축복이려니

내 안에 흐르는 강

그 날 이후
한 줄기 강 흐릅니다
그대 아닌
이 세상 모든 이의 사랑
한꺼번에 져다 부려도
메울 수 없는 깊은 강
흐릅니다
내 있음
가장 깊은 곳에

가을 산에서

투명한 햇살 아래
산국화 피고 지는
가을 산에 이제야 돌아왔습니다

얼룩진 옷을 벗고
가만히 엎드려
가을 산 가슴께 귀를 대 보면
이토록 가슴이 설레어오는 것이
간밤에 산은
맑디맑은 풀벌레 소리며
별빛 달빛 넉넉히 걸어
온몸을 향기롭게 익혔나봅니다
가을 산자락에 누워
갈꽃들이 닦는 하늘 우러러보며
내 영혼 닦고 닦아
맑은 바다로 흐르는 날
깨끗한 노을빛 온몸에 안고
눈 감고 싶어

곱게 물든 산빛처럼
이별도 화사한 가을 산에서
지는 잎새마다 뉘우침의 글발 적어
바람결에 날려 보냅니다

이 물길 흐르고 흘러
시인의 말

내 마음 속 작은 옹달샘에 앳되고 여린 시가 고이고 고여 띄엄띄엄 세 시집에 펴 담아 보았습니다. 《숨어사는 신화》, 《그대 아득한 별에 꽃씨 묻으며》, 《그대가 내게로 오면》 이라는 세 권의 시집으로 엮어 세상을 향해 흘려보내고는 그만 세상일에 쫓겨 돌아보지 못했습니다.

내 시의 물결이 흐르고 흘러 사람들의 가슴을 조금씩 적시다가 증발된 수증기로 다시 모여 구름이 되고 빗방울이 되듯 새로 한 권의 시집으로 물길을 잡았습니다. 이 물이 새 물길 열어, 흐르고 흘러 수많은 님들의 가슴에 한 방울 이슬로 맺히면 좋겠습니다.

이 시들이 목마른 이의 감성을 적시는 한 잔의 시원한 물이면 좋겠습니다. 그리하여 많은 님들의 가슴 물길에 닿아 함께 흐르고 흘러 세상에 싱그러운 축복이 되고 꽃이 되면 더욱 좋겠습니다. 아픔도 향기 되고, 슬픔도 보석이 되며, 간절한 그리움도 환한 빛깔로 하늘대고, 이루지 못한 꿈조차 찬란한 물결이 되는 꽃心으로 님들의 삶에 피어나길 소원합니다.

2011년 여름,

김연수

그림 | 이 소 LEE SO, 李 素

프랑스 국립 파리VIII대학교Université Paris 8 Vincennes-Saint-Denis 조형예술학과Arts Plastiques에서 학사 및 석사학위를 취득하였으며, 현대사회에 반反하는 그리움의 대상으로 나무와 자연물을 주소재로 하여, 회화와 미디어를 결합하는 방법으로 주로 작업하고 있다.
프랑스 몽루즈 살롱전, 재불청년작가전, 대한민국 청년초대작가전, 시차전 외 프랑스와 한국에서 개인전 및 다수 단체전에 참여하였고 현재 수원대학교 미술대학에 출강 중이다.
이메일 leesoart@gmail.com

꽃心

지은이 김연수
1판 1쇄 인쇄 2011년 7월 10일 | 1판 1쇄 발행 2011년 7월 15일 | 발행인 신혜경
발행처 마음의숲 | 등록 2006년 8월 1일(105-91-03955)
주소 서울시 마포구 서교동 396-47 2층
전화 (02) 322-3164~5 팩스 (02) 322-3166 | 마음의숲 카페 cafe.naver.com/lmindbookl
기획 권대웅 | 편집 권해진 인희 | 마케팅 박창일 | 디자인 김현주
ISBN : 978-89-92783-48-4 (03810)